9

SUSANNE OSWALD

MARGOT KÄSSMANN

– KLEINE ANEKDOTEN AUS DEM LEBEN EINER GROSSEN THEOLOGIN –

riva

Bibliografische Information der Deutschen Nationalbibliothek
Die Deutsche Nationalbibliothek verzeichnet diese Publikation in der Deutschen Nationalbibliografie. Detaillierte bibliografische Daten sind im Internet über http://dnb.d-nb.de abrufbar.

Für Fragen und Anregungen:
info@rivaverlag.de

Originalausgabe
1. Auflage 2016

Nymphenburger Straße 86
D-80636 München
Tel.: 089 651285-0
Fax: 089 652096

Redaktion: Antje Steinhäuser
Umschlaggestaltung: Isabella Dorsch
Umschlagabbildung: imago/epd
Satz: inpunkt[w]o, Haiger
Druck: Graspo CZ, Tschechische Republik
Printed in the EU

ISBN Print: 978-3-7423-0004-1
ISBN E-Book (PDF): 978-3-95971-356-6
ISBN E-Book (EPUB, Mobi) 978-3-95971-357-3

Weitere Informationen zum Verlag finden Sie unter

www.rivaverlag.de

Beachten Sie auch unsere weiteren Verlage unter
www.muenchner-verlagsgruppe.de

Inhalt

Vorwort

Die 1958 geborene Theologin Professor Dr. Dr. h. c. Margot Käßmann ist die prominenteste Frau der deutschen evangelischen Kirche. Sie war mit Eckhard Käßmann verheiratet, die beiden haben vier Töchter, Hanna, Esther, Sarah und Lea. 2007 ließ sich das Paar nach 26 Jahren Ehe scheiden.

In ihrer Laufbahn hatte Margot Käßmann bereits viele unterschiedliche Funktionen und Posten inne, so war sie Pfarrerin, Mitglied im Ökumenischen Rat der Kirchen, Generalsekretärin des Deutschen Evangelischen Kirchentages, Präsidentin der Zentralstelle für Recht und Schutz der Kriegsdienstverweigerer aus Gewissensgründen, Landesbischöfin der Evangelisch-lutherischen Landeskirche Hannovers und Ratsvorsitzende der Evangelischen Kirche in Deutschland.

Einen Bruch in ihrer Laufbahn gab es, als ihr ein schwerer persönlicher Fehler unterlief, aus dem Margot Käßmann berufliche Konsequenzen zog. 2010 trat sie von allen Ämtern zurück, nachdem sie unter Alkoholeinfluss Auto gefahren war.

Seit 2012 ist sie im Auftrag des Rates der Evangelischen Kirchen Deutschlands »Botschafterin für das Reformationsjubiläum 2017«.

Margot Käßmann hat nicht nur zahlreiche Aufgaben und Ämter übernommen, sie ist vor allem auch eine lebensfrohe und lebensbejahende Frau, die sich für moralische Werte und Menschlichkeit einsetzt. Sie ist eine hervorragende Rednerin und scheut sich nicht, klar Stellung zu beziehen, auch wenn es unangenehm wird.

Einer Diskussion geht sie nie aus dem Weg und sie wird nicht müde in ihrem Bestreben, der Welt ein wenig Licht zu bringen.

Beate Uhse und die Flughafenkapelle

Als Margot Käßmann als Landesbischöfin noch neu im Amt war, stellte sie fest, dass am Flughafen Hannover eine Kapelle fehlte. Das behagte ihr gar nicht, war sie doch der festen Überzeugung, dass jeder Flughafen eine Kapelle braucht. So blieb sie sich auch in diesem Fall selbst treu, denn wenn etwas nicht ist, wie es sein sollte, muss man versuchen, es zu ändern.

Deshalb setzte Käßmann sich beherzt dafür ein, dass auch der Flughafen Hannover eine Kapelle bekam. Es war zur Expo 2000, als sie den ersten Anlauf nahm. Doch auch die beste Idee scheitert mitunter an der Realität. So auch in diesem Falle. Die Sache mit der Kapelle am Flughafen Hannover klappte nicht auf Anhieb.

Damals stieß Margot Käßmann auf Widerstand, konnte ihren Wunsch beim Flughafenbetreiber nicht durchsetzen. Im ersten Anlauf musste sie sich geschlagen geben.

Doch so schnell gibt eine Frau wie Margot Käßmann nicht auf. Sie wartete auf den richtigen Moment, im Vertrauen darauf, dass der kommen würde. Sie wollte erneut Anlauf nehmen, sich erneut für ihr Anliegen einsetzen.

Als 2005 der Kirchentag nach Hannover kam, witterte Margot Käßmann ihre Chance. Inzwischen hatte sie schon einige Jahre Erfahrung im Amt und vielleicht auch an Durchsetzungskraft gewonnen. Schnurstracks ging sie zum Flughafenchef, erklärte ihm die Situation und bat um die Möglichkeit, eine Kapelle einzurichten. »Alle Flughäfen haben eine Flughafenkapelle«, erklärte sie ihm. »Also braucht auch Hannover eine.«

Tatsächlich ging der Flughafenchef diesmal auf ihre Argumente ein und machte den Weg zur Verwirklichung frei. Allerdings hatte die Sache einen Haken, denn der Chef erklärte ihr, dass er nur noch einen einzigen freien Raum habe, der infrage käme, und der läge direkt neben einem Beate-Uhse-Shop.

»Macht gar nichts«, erklärte Frau Käßmann. »Den nehme ich.« Sie findet, die Christen mussten schon immer mitten in der Welt sein. Und so konnte sie ihr Vorhaben der Flughafenkapelle in Hannover doch noch verwirklichen – ganz ohne Berührungsängste und mittendrin.

Boa, was ist dem denn passiert?

Margot Käßmann wünscht sich mehr christliches Wissen und weniger Angst vor dem Fremden. Doch dazu müssen christliche Werte vermittelt, biblische Geschichten erzählt werden. Die Leere, auf die man heutzutage immer öfter trifft, dort, wo eigentlich dieses Wissen sein sollte, findet sie erschreckend.

Gerade in der heutigen Zeit zitieren christliche Menschen oft den Koran hoch und runter, um zu zeigen, wie gefährlich dieses »Fremde« doch für uns sei. Margot Käßmann sagt, diese Menschen hätten ihren Respekt, wenn sie die Bibel so kennen würden und zitieren könnten. Doch die meisten könnten das nicht.

Dabei bräuchte man viel weniger Angst haben, wenn man in der eigenen christlichen Kultur wirklich seine Heimat hätte und es nicht nur Lippenbekenntnisse wären. Viele Menschen sehnen sich in bestimmten Situationen nach einem Gebet, oft fehlen ihnen jedoch die Worte, weil sie nicht nur die Bibel nicht mehr kennen, sondern auch keine Gebete mehr auswendig wissen.

Das Problem fängt nach Margot Käßmanns Erfahrung bereits bei den Kindern an. Die Eltern vermitteln die christlichen Geschichten oft gar nicht oder nur in sehr kleinem Rahmen. Dabei hören Kinder sehr gerne Bibelgeschichten, wenn sie kindgerecht erzählt werden. So können sie von klein auf einen Zugang zum Glauben finden. Biblische Geschichten können nach Margot Käßmanns Verständnis durchaus auch in kommunalen Kindertagesstätten erzählt werden, denn es ist keine Einflussnahme, sondern einfach spannend für Kinder, etwas von der Arche Noah, von der Paradiesgeschichte oder von Jesus zu hören.

Sie sagt, sie sei manchmal erschüttert, wie wenig die Leute noch über die Bibel wissen.

So hat sie einmal eine Führung gemacht, Kinderpädagogik, in der Marktkirche Hannover. Ein Junge betrachtete das Altarbild, das den gekreuzigten Jesus zeigt. Er machte große Augen und sagte: »Boa, was ist dem denn passiert?«

Trotzig bis zuletzt

Die Frage nach dem Tod und dem Umgang mit dem eigenen Sterben beschäftigt uns alle früher oder später auf die eine oder andere Weise. Natürlich hat auch Margot Käßmann darüber nachgedacht und weiß, was ihr in diesem Zusammenhang wichtig ist und wie der Glaube ihr beim Umgang damit hilft. Doch als viel schwieriger als das eigene Sterben und den Umgang damit empfindet sie das Sterben lieber Menschen, mit dem man leben muss.

Sie zitiert Mascha Kaléko im Sinne von: Wenn man tot ist, ist man tot. Stirbt ein anderer Mensch, muss man damit leben.

Aber natürlich hat Margot Käßmann, soweit es ihr möglich war, Vorkehrungen getroffen. So gibt es eine Patientenverfügung und auch eine Betreuungsvollmacht. Sie weiß, wo sie beerdigt werden möchte, und auch, wer das machen soll. Sogar welches Lied dabei gesungen werden soll, hat sie festgehalten. »So trotzig bin ich dann bis zuletzt«, sagt sie.

Ob das dann auch wirklich so stattfindet, ob ihre Kinder sich daran halten und ihre Wünsche und Vorgaben erfüllen, das ist eine andere Sache.

Für Margot Käßmann ist der Tod nur eine Station.

Und wieder ist es das Gebet, das in solchen Situationen tragen, führen und helfen kann. So erzählt Margot Käßmann von einer Situation aus ihrer Zeit als junge Pfarrerin. Sie stand vor einem aufgebahrten fünfjährigen Mädchen, das in der einen Hand einen Strauß Maiglöckchen hielt und in der anderen eine Barbiepuppe. Diese Situation hat sie an ihre Grenzen gebracht, sie wusste nicht, was sie sagen sollte, welche Worte richtig sein, trösten und Halt geben könnten. Und so fing sie an zu beten: »Vater unser im Himmel …«

Die Eltern und Großeltern fielen leise mit ein und wieder war es das Gebet, das größer und stärker war, als bloße Worte jemals sein können.

Folge deinem Herzen

20. Februar 2010 – ein Tag, der alles durcheinanderbrachte und dennoch Margot Käßmanns Ansehen nicht zerstörte.

Was war geschehen? Viele werden sich vermutlich an den Skandal erinnern. Margot Käßmann war unter Alkoholeinfluss Auto gefahren und in eine Kontrolle geraten. Eine Nacht hat sie darüber geschlafen, wie sie mit ihrem Fehler umgehen sollte, dann stand es für sie fest. Es war eine Entscheidung aus dem Herzen, nicht aus dem Kopf. Am 24. Februar 2010 trat sie vor die Presse und erklärte ihren Rücktritt von allen kirchlichen Ämtern.

Ihr war klar, dass durch ihren Fehler ihr Amt und ihre Autorität als Landesbischöfin der Evangelisch-lutherischen Landeskirche Hannovers und Ratsvorsitzende der Evangelischen Kirche in Deutschland beschädigt worden waren. Margot Käßmann wusste, dass sie politische oder ethische Herausforderungen nicht mehr so frei würde benennen und beurteilen können, wie sie das vor diesem Vorfall hatte tun können. Um die Stürme auszuhalten, die ihr in ihrem Amt in manchen Situationen entgegenschlugen, benötigte sie eine uneingeschränkt anerkannte persönliche Überzeugungskraft, aber die war nun nicht mehr gegeben.

Dennoch hätte sie nicht zurücktreten müssen. Mehr noch, es gab viele Stimmen, die sie baten, im Amt zu bleiben. Doch einer ihrer Ratgeber gab ihr ein Wort von Jesus Sirach mit auf den Weg: »Bleibe bei dem, was dir dein Herz rät.«

Und Margot Käßmanns Herz sagte ihr ganz klar: Ich kann nicht mit der notwendigen Autorität im Amt bleiben. Und so wurde die Entscheidung zum Rücktritt für sie eine unausweichliche Maßnahme.

Margot Käßmann findet, niemand kann ihr mehr Vorwürfe machen als sie selbst. So sagt sie auch: »Die härteste Kritik ist die Selbstkritik.« Wenn man einen Fehler begeht, ist nicht das Entscheidende, was andere dazu sagen. Viel wichtiger ist die eigene Frage an sich selbst: Wie konnte dir das passieren? Diese Selbstfrage wiegt viel schwerer als jeder Vorwurf von außen. Dabei geht es jedoch nicht um Selbstgeißelung, sondern vielmehr um Selbsterkenntnis. Und so ging es ihr bei der Entscheidung zum Rücktritt auch nicht nur um das Amt, sondern ebenso um Achtung und Respekt vor sich selbst.

Margot Käßmann ist eine sehr geradlinige Frau, die auch in dieser durchaus scharfen Kurve nicht von ihrem Weg abgekommen ist. Sie folgt weiter ihrem Herzen und weiß: Sie kann nie tiefer fallen als in Gottes Hand.

Stilbruch mit Stil

Im Laufe der Jahre entwickelt sich ganz selbstverständlich ein gewisser Lebensstandard. Aus einer vielleicht einmal winzigen Studentenbude oder einer Wohngemeinschaft werden die eigenen vier Wände, vielleicht ein eigenes Haus – das war bei Margot Käßmann nicht anders als bei vielen von uns. Sie hatte ihren Platz gefunden, nicht nur räumlich, sondern auch beruflich als Bischöfin der Evangelisch-lutherischen Landeskirche Hannovers.

Nun hat Margot Käßmann eine langjährige gute Freundin, die sie aus dem ökumenischen Rat der Kirchen kennt und die im Laufe der Jahre ihre eigene Karriere in der methodistischen Kirche in Amerika gemacht hat und inzwischen Dekanin der theologischen Fakultät an der Universität in Atlanta ist. Diese Freundin lud Margot Käßmann immer wieder ein, für eine gewisse Zeit als Gastdozentin nach Atlanta zu kommen.

Das war nie möglich, immer wieder schlug Margot Käßmann die herzlichen Einladungen mit Verweis auf ihre Tätigkeit als Landesbischöfin ab – sie konnte schlecht ihr Amt ein paar Monate verlassen, um nach Amerika zu gehen und etwas anderes auszuprobieren.

Zwei Tage nach Margot Käßmanns Rücktritt von allen kirchlichen Ämtern rief besagte Freundin wieder an und sagte: »Margot, now is the time to come to Atlanta.«

Und tatsächlich schien es genau der richtige Zeitpunkt zu sein, Margot Käßmann nahm die Einladung an. Ein Problem musste allerdings gelöst werden. Sie hätte in dieser Zeit bei ihrer Freundin leben können, doch das Haus lag zwar wunderschön, aber so weit draußen, dass man sich von dort aus nur mit einem Auto hätte bewegen können. Genau diese Möglichkeit hatte Frau Käßmann aber aus bekannten Gründen damals nicht. Als Alternative blieb lediglich ein Studentenwohnheim. Von dort konnte sie zu Fuß oder per Rad die Universität erreichen.

Als Margot Käßmann nach der ersten Nacht im Wohnheim aufwachte, wurde ihr bewusst, dass das doch ein ziemlicher Stilbruch mit dem bisherigen Leben war. Aber andererseits war es auch gar nicht schlecht. Denn gerade in dieser stürmischen Zeit konnte sie dort Ruhe finden. Niemand kannte sie, sie wurde zu so etwas wie der »good old mom«, zur Anlaufstelle für die Jungs und Mädels, wenn diese jemanden brauchten, um ihr Herz auszuschütten. Für ein Studentenwohnheim war es auch ausgesprochen luxuriös. Und Margot Käßmann bot es die Möglichkeit, sich neu zu orientieren. Sie wurde aus ihrem extrem hohen Arbeitspensum herauskatapultiert in eine Art Zwangsruhe mit gerade mal einer Vorlesung in der Woche und hin und wieder einem Gottesdienst. Diese Zeit war eine Chance, die Margot Käßmann in gewohnter Art mit viel Engagement, aber ohne beruflichen Druck nutzte. Es war ein Stilbruch, der ihr guttat. Ein Stilbruch mit Stil.

Ein Kaffeeverkäufer weist den Weg

Wie oft gibt es im Leben Momente, in denen man sich entscheiden muss, aber einfach nicht sicher sagen kann, welcher Weg der richtige ist. Man analysiert, überlegt, hört auf Herz, Bauch und Verstand und hadert dennoch immer weiter, weil die Antwort nicht so eindeutig ausfällt, wie man sie bräuchte, um wirklich sagen zu können: Das will ich. Das werde ich tun.

So ging es auch Margot Käßmann. Nach ihrer Zeit in Atlanta ging sie an die Universität Bochum und hielt dort etwas über ein Jahr Vorlesungen und Seminare. Dann kam die Zeit zur Neuorientierung. Was wollte sie? Was war der richtige Weg. Sie hatte mehrere Optionen, hätte an der Universität bleiben, als freischaffende Autorin und Vortragende arbeiten oder wieder in den kirchlichen Dienst zurückgehen können, es gab eine Anfrage von der Evangelischen Kirche Deutschlands. Es ist nicht schwer, sich vorzustellen, dass Margot Käßmann gezögert hat. Sie hatte schon so viele Ämter in der Kirche innegehabt, war es da gut, wieder alte Pfade zu betreten? Würden die Geister der Vergangenheit zurückkommen, ihr das Leben schwer machen, ihre Arbeit behindern? Gar nicht so einfach, auf sein Herz zu hören, wenn das keine klaren Signale schickt.

Und so kam der Tag am Frankfurter Flughafen. Dort kam Margot Käßmann an einen Coffee Shop. Ungefähr bei A 11 muss es gewesen sein. Margot Käßmann bestellte sich einen Kaffee bei einem jüngeren Mann – Frau Käßmann vermutet, dass er aus Äthiopien gewesen sein könnte –, der sie ansprach: »Oh, sind Sie nicht die Frau von der Kirche?«

Das war dieser eine besondere Moment, der ihr die Klarheit brachte, nach der sie gesucht hatte. Frau Käßmann wurde bewusst, dass der Mann irgendwie recht hatte. Sie war »die Frau von der Kirche« und plötzlich gab es kein Hadern mehr. Der Kaffeeverkäufer hatte ihr den Weg gewiesen.

Tritt frisch auf! Tu's Maul auf!

Ein Luther-Zitat, das Margot Käßmann oft und gerne zitiert. Natürlich geht es bei ihrer Arbeit gerade darum zu sprechen, Worte des Glaubens weiterzugeben und damit möglichst viele Menschen zu erreichen. Eine wichtige Rolle bei der Verbreitung des Wortes spielen natürlich auch alle Arten von Medien. Doch gerade die Medien verfolgen nicht immer nur das, was man selbst als die guten Ziele erachtet, sondern wollen natürlich verbreiten, was die Öffentlichkeit interessiert, was auf ein breites Echo stößt.

Damit musste und muss auch Margot Käßmann umgehen. Besonders schwierig wird das immer dann, wenn die Geschichten, für die sich Medien interessieren, ins Private hineinspielen. Eine klare Trennung zwischen Öffentlichkeit und Privatsphäre ist meist nur schwer möglich, während ihrer Zeit als Bischöfin war das oft gar nicht voneinander zu trennen. So auch, als Frau Käßmann 2006 die Diagnose Brustkrebs bekam. Eine Krankheit, die eigentlich in erster Linie nur sie und ihre Familie etwas angeht. Andererseits konnte sie als Landesbischöfin auch nicht einfach aus Krankheitsgründen für einige Monate abtauchen und die Öffentlichkeit nicht über die Gründe in Kenntnis setzen. Das einsetzende Rätselraten, die mutmaßenden Schlagzeilen – zwar immer mit Fragezeichen, aber was nutzt das schon? – wären sicher eine große Belastung geworden. Da Frau Käßmann es auch nicht schlimm fand, die Tatsache ihrer Erkrankung als Sachinformation an die Öffentlichkeit zu geben, war diese Entscheidung schnell getroffen. Doch die Geier der Medien besänftigte das nicht. Im Gegenteil. Schlagzeilen wie »Sie hat ihren Brustkrebs öffentlich gemacht«, gaben dieser Sachinformation einen skandalösen Beigeschmack, den Frau Käßmann überhaupt nicht nachvollziehen kann.

Für Margot Käßmann gibt es eine Unterscheidung zwischen persönlich und privat. Hier hat sie auch während ihres Kampfes gegen den Brustkrebs versucht, eine Trennlinie zu ziehen. Sie hat selten erzählt, wie es ihr privat gerade ging, in welcher Therapiephase sie momentan steckte und was sonstige Befindlichkeiten anging. Die persönliche Information »Ich leide an Brustkrebs« sollte genügen.

Margot Käßmann sieht es für sich in ihrer Stellung als wichtig an, persönliche Sachinformationen mit der Öffentlichkeit zu teilen. Den Voyeurismus, der ständige Versuch, Privates an die Öffentlichkeit zu zerren, findet sie allerdings abstoßend.

Deshalb: Tritt frisch auf! Tu's Maul auf! – Aber bitte mit Anstand und Respekt.

Der Niedergang des Protestantismus

Wer an die Öffentlichkeit geht, muss damit rechnen, nicht nur gelobt, sondern durchaus auch kritisiert zu werden. Das weiß jeder und es ist auch für Margot Käßmann keine Überraschung. Man muss lernen, mit Kritik – berechtigter und unberechtigter – umzugehen und zudem darf man sich nicht komplett verschließen, denn Austausch ist wichtig, und dazu gehört auch Kritik.

Doch wenn Kritiker aus der intellektuellen Riege sich zwanghaft über andere erheben, wenn sie die zu wenig intellektuelle Herangehensweise an bestimmte Themen kritisieren, dann stoßen sie nicht nur Margot Käßmann vor den Kopf, sondern auch deren Leser. Menschen, denen Frau Käßmann mit ihren Texten und Gedanken guttut, die sie beglückt, denen sie im besten Falle sogar in einer schwierigen Lebenssituation oder gar Lebenskrise mit ihren gedanklichen Ansätzen weiterhilft und Lösungswege aufzeigt. Und genau daran stört sich Margot Käßmann ganz besonders – viel mehr als an der Kritik an ihr selbst. Sie möchte nicht, dass Leser, die ihre Texte schätzen, brüskiert worden. Das empfindet sie als respektlos.

Doch was soll man dazu sagen, wenn Professoren sich derart erheben? So meinte einer, der sich in einem ganzen Kapitel über Margot Käßmann ausgelassen hat, es sei der Untergang des Protestantismus, wenn jetzt schon Töchter von KFZ-Mechanikern Bischöfin werden könnten.

Oft wird ihr vorgeworfen, ihre Bücher seien zu wenig intellektuell. Frau Käßmann betont, wie wichtig sie es findet, dass der Glaube mit dem Leben zu tun hat, und nicht abgehoben ist. Ihr Satz endet mit: »Wenn ... man sich nicht mehr erden kann, in realen Fragen des Lebens ...« Und dann gehen ihr die Worte aus. Zu einem derartigen Kommentar fällt selbst einer eloquenten Frau wie Margot Käßmann im ersten Moment nur noch fassungsloses Kopfschütteln ein. Natürlich trifft ein solch gezielter Schlag immer und jeden, auf die eine oder andere Weise, bremsen wird das Frau Käßmann aber gewiss nicht. Sie wird weiterhin den Glauben in die Leben der Menschen buchstabieren, ohne sich intellektuell profilieren zu müssen.

Zimttee und Birkenstocksandalen

Immer mit dem Strom zu schwimmen, ist für Menschen, die gerne selbst denken, auf Dauer viel ermüdender, als hin und wieder mit voller Kraft und aus ihrer Überzeugung heraus gegen den Strom anzukämpfen. So findet auch Margot Käßmann großen Gefallen daran, selbst zu denken und selbst zu entscheiden, auch wenn sie damit hin und wieder Erwartungen und ein vorgefasstes Bild nicht erfüllt. So auch, als es 1981 darum ging, welchen Namen sie nach der Eheschließung tragen würde.

Geht man nach den Erwartungen der Allgemeinheit, hätte es ein Doppelname werden müssen. Die Vorurteile (damals) sagten: Evangelische Pastorinnen färben sich die Haare mit Henna, tragen oft Latzhosen und Birkenstocksandalen, trinken Zimttee und bestehen bei einer Eheschließung unverrückbar auf einem Doppelnamen, um ihre Gleichberechtigung nach außen zu tragen.

Frau Käßmann hat jedoch entgegen allen Erwartungen darauf verzichtet, einen Doppelnamen anzunehmen. Wie tief diese Erwartungen damals (und vielleicht heute, man weiß es nicht) saßen, zeigt die Reaktion des Standesbeamten. Selbst er tat sich schwer damit, diese Entscheidung hinzunehmen. Er fragte zwei Mal ausdrücklich nach, ob sie das ernst meine und wirklich darauf verzichten wolle.

Ja. Wollte sie.

Nicht, weil sie sich nicht gleichberechtigt fühlte, sondern weil sie zum einen ihren Mädchennamen Schulze nicht so unverkennbar fand, dass sie ihn unbedingt in die Ehe mitnehmen wollte, und zum anderen bereits mit Vornamen Margot-Renate heißt, was bei einem doppelten Nachnamen zu einem Wortungetüm geführt hätte, und ein wichtiger Grund war zudem, dass sie gerne einen Familiennamen für sich, ihre Kinder und auch ihren Mann wollte. Man mag sich fragen, was denn nun mehr Gleichberechtigung bedeutet, das Mitschwimmen mit dem Doppelnamenstrom oder die bewusste Entscheidung dagegen, ohne das Gefühl zu haben, dabei auf Eigenständigkeit verzichten zu müssen.

Nichts ist gut in Afghanistan

Diese Predigt in der Dresdner Frauenkirche am 1. Januar 2010 war ein Meilenstein in der Diskussion um die Stellung Deutschlands in Afghanistan.

Natürlich war die Predigt gut vorbereitet und ausgearbeitet, doch niemand wäre im Vorfeld auf die Idee gekommen, dass sie urplötzlich derart und höchst brisant werden könnte. Doch es waren Worte, mit denen Frau Käßmann Furore gemacht hat.

Das war so nicht erwartet und auch nicht geplant. Aber vermutlich – so schätzt Frau Käßmann – traf diese Predigt einfach in eine Diskussion hinein, die ohnehin schon lange schwelte und durch ihre Worte nun zu einem Diskussionsfeuer entbrannte. Es war vorher über Jahre schleichend vor sich gegangen, aber nie hat jemand es wirklich ausgesprochen oder sich klargemacht: Wir sind im Krieg. Und diese klare Aussage kam ausgerechnet von einer Frau der Kirche.

Angestoßen durch Margot Käßmanns Predigt fanden auch Politiker wie Herr Seehofer in einer Talkshow, in der er wie auch Frau Käßmann zu Gast waren, zu der klaren Aussage: »Ja, es ist Krieg.« Und das, nachdem von Seiten der Politik lange immer betont worden war, es ginge lediglich um humanitäre Einsätze – obwohl längst offensichtlich war, dass es weit darüber hinausging. Und genau darin lag die Wucht dieser Predigt. Jedoch nicht nur, weil dadurch Politiker sich zu dieser Aussage durchringen konnten, es war auch das Volk, das aufgerüttelt durch die Rede nicht länger – zumindest nicht länger im selben Maße wie vorher – die Augen vor der Realität verschließen konnte.

Kurz nachdem Margot Käßmann diese Predigt gehalten hatte, war sie bei zu Guttenberg zum Gespräch. Auch er hat durchaus gesehen, dass es eine Schieflage gab. Was Frau Käßmann ihm hoch anrechnet – er hat zugehört und war durchaus bereit, auch andere Meinungen gelten zu lassen.

Eine gemeinsame Fahrt nach Afghanistan gab es aber nicht – nicht, weil zu Guttenberg das nicht wollte, sondern weil Margot Käßmann als Bischöfin und Ratsvorsitzende der Evangelischen Kirche Deutschlands es für falsch gehalten hätte, in der Begleitung des Bundesverteidigungsministers eine solche Reise anzutreten. Für sie wäre eine Fahrt mit einer Entwicklungsorganisation richtig gewesen, zwar unter der Organisation der Bundeswehr, aber eben nicht in Begleitung des Bundesverteidigungsministers – auch wenn man sich dann dort getroffen hätte. Geplant war eine solche Reise, aber es kam nicht dazu, der Rücktritt zu Guttenbergs kam dazwischen.

Diese vom ZDF übertragene Neujahrspredigt wurde später von der Universität Tübingen mit dem Rhetorikpreis »Rede des Jahres« ausgezeichnet.

Im Taxi durch Berlin

Christian Wulff prägte den Satz: »Der Islam gehört zu Deutschland.« Margot Käßmann stimmt ihm zu. Natürlich, sagt sie, hat der Islam Deutschland bis vielleicht in die Siebzigerjahre des letzten Jahrhunderts nicht maßgeblich geprägt, aber wir können die über vier Millionen Muslime, die heute in Deutschland leben, nicht ausstoßen, indem wir den Islam ablehnen. Der übergroße Teil dieser Muslime hat sich in Deutschland integriert und will hier in Frieden und Freiheit leben. Diesen Muslimen sind unsere Werte und Rechte, der Schutz der Demokratie ebenso wichtig wie den Deutschen ohne Migrationshintergrund. Was wir brauchen, sind nicht unterschiedliche Lager, sondern ein Wir-Gefühl für die breite Mitte, die miteinander die Demokratie und das Recht verteidigt – und zwar gegen die Extreme wie Islamisten oder Salafisten, aber ebenso gegen NSU, NPD oder andere Gruppierungen aus der radikalen Ecke. Und in dieser Mitte sollte es keine Lager geben, keine Frage, zu welcher Gruppe man gehört, sondern eben dieses große übergeordnete WIR.

Dazu gehört auch eine Geschichte, die ihr in Berlin passiert ist. Margot Käßmann hat ihr Auto abgeschafft, weil es in Berlin nahezu ein Ding der Unmöglichkeit ist, einen Parkplatz zu finden. So stieg sie wieder einmal am Hauptbahnhof in ein Taxi, um sich nach Friedenau fahren zu lassen. Der Taxifahrer sprach sie an: »Sind Sie nicht Frau Käßmann?« Als sie bejahte, meinte er: »Ich bin ein Kollege von Ihnen.« Natürlich fragte sie nach, was er denn mache. Er sei Imam in Wedding, erklärte der Taxifahrer. Und dann entwickelte sich ein ganz wunderbares und fruchtbares Gespräch. Der Imam erzählte ihr von den Problemen, mit denen er als Imam zu kämpfen hatte, besonders mit Hauptschulabbrechern, und er fragte Frau Käßmann, was für Lösungsansätze sie und die Kirche in solchen Fällen hätten.

Der Taxifahrer und Imam sprach fließend Deutsch, war bereits in der dritten Generation im Land. Und für Frau Käßmann ist klar: Das sind die Menschen, mit denen wir ins Gespräch kommen müssen. Wieder einmal zeigt sie: Kirche gehört mitten ins Leben – nicht an den Rand. Und der Glaube – egal welcher Art – fährt auch im Taxi durch Berlin.

Spinat und Bastelversuche

Als Kirchenfrau der vordersten Front und gleichzeitig Mutter von vier Töchtern hat das Leben Margot Käßmann oft stark gefordert. In den Gesprächen betont sie immer wieder, wie schade sie es findet, dass ihre Rolle als Mutter von der Öffentlichkeit so wenig gewürdigt wird, dabei wäre das – ihrer Meinung nach – durchaus Schlagzeilen wert. Viel mehr als manch anderes, was ihr über ihre Person in all den Jahren in großen Aufmachern aus der Presse entgegenschlug.

Aber was macht eine gute Mutter aus? »Als Mutter war ich sicher nicht perfekt, ganz bestimmt nicht«, gibt sie unumwunden zu und jede Mutter wird nun verständnisvoll nicken, denn: Wer ist schon perfekt?

Margot Käßmann gesteht ein, dass sie natürlich oft einen engen Zeitplan hatte. So gab es bei Käßmanns selten ausgefeilte und im Kochvorgang langwierige Menüs, dafür stand Spinat mit Rührei und Kartoffeln oft auf dem Speiseplan.

Und im Basteln bezeichnet sich Frau Käßmann selbst als absolute Niete. Wenn sie die tollen

Laternen der anderen Kinder sah, diese Bastelarbeiten, die Kunstwerken gleichkamen, und auf ihre eigenen missglückten und ramponierten Laternenbastelversuche blickte, dann taten ihr die Töchter schon das ein oder andere Mal leid. Aber das ist vermutlich weniger eine Frage der fehlenden oder nicht fehlenden Zeit, sondern vielmehr eine Sache des Talents.

In anderen Bereichen hat ihr die Arbeit als Pfarrerin in ihrer Rolle als Mutter oft auch geholfen. So kann ein Pfarrer, eine Pfarrerin regelmäßig mit der Familie zu Mittag essen, was ein großes Privileg ist, denn es bedeutet Familienzeit. Allerdings gibt es kaum ein freies Wochenende. Andererseits hatte Frau Käßmann die Möglichkeit, ihren Terminkalender zumindest in gewissem Rahmen so zu gestalten, dass sie wichtige Kindertermine trotz Vollzeitjob wahrnehmen konnte. Dennoch ist sie froh, dass ihre Kinder neben ihr auch einen engagierten Vater hatten, der in vielen Situationen da war und wichtige Aufgaben übernommen hat.

Denkt Margot Käßmann an ihre Bastelversuche, schmunzelt sie, zuckt bedauernd mit den Schultern und sagt: »I did my very best.« Im Zeugnis stünde vermutlich: Sie bemühte sich redlich.

Machtverlust und der übervolle Kühlschrank

Nachdem Margot Käßmann nach ihrem Rücktritt von allen kirchlichen Ämtern als Gastdozentin in Amerika gelandet war, begann für sie eine völlig neue Zeit. Es war ein totaler Umbruch, der einige Herausforderungen mit sich brachte, aber auch durchaus gute Seiten hatte.

Frau Käßmann nennt es »ein heilsames Zurückschrauben von Lebenstempo«.

Später begegnete ihr einmal auf einem Kirchentag die Frage: »Bedeutet Machtverlust eigentlich Ohnmacht?« Doch das findet Margot Käßmann überhaupt nicht. Im Gegenteil, durch ihren Rücktritt und nach der Besinnungs- und Findungsphase ist sie mit ihrer neuen Rolle als »Botschafterin für das Reformationsjubiläum 2017« sehr glücklich. Der Machtverlust war gleichzeitig ein Freiheitsgewinn.

Sie hat nach dem Eklat ihre persönliche und berufliche Freiheit wiederentdeckt. So muss sie nicht mehr ständig auf Anfragen reagieren, nicht mehr tagesaktuell Stellung beziehen und den Druck des Amtes aushalten, sondern kann sehr frei über Luther und das Reformationsjubiläum sprechen, schreiben und diskutieren und dabei auch gestalterisch wirken – was ihr ausgesprochen wichtig ist. Das ist eine Freiheit, die sie als Landesbischöfin der Evangelisch-lutherischen Landeskirche Hannovers und Ratsvorsitzende der Evangelischen Kirche in Deutschland in diesem Umfang nicht hatte.

Ein Problem allerdings hatte sie, gerade in der Anfangszeit nach ihrem Rücktritt und dem Start in dieses neue Leben. Über Jahrzehnte hatte sie in großen Häusern gelebt, immer viel Trubel um sich herum gehabt und natürlich auch immer einen vollen Kühlschrank, um die Familie versorgen und Besucher bewirten zu können. Nun saß sie plötzlich in Amerika, in einer Studentenbude, und war nur noch für sich allein verantwortlich. In der ersten Zeit kaufte sie in alter Gewohnheit oft viel zu viel ein, der Kühlschrank quoll über.

Die Mutter aller Rücktritte?

Margot Käßmann unterscheidet für sich nicht nur zwischen öffentlich und privat, sondern, wie bereits erwähnt, vor allem zwischen privat und persönlich. Zu Beginn ihrer Amtszeit als Landesbischöfin war sie der Presse gegenüber noch sehr offen.

So gab sie Interviews, wollte erzählen, wie zum Beispiel das Leben als Landesbischöfin ist. Offenen Herzens und plaudernd war sie auf die Vertreter der Presse zugegangen. Doch diese wollten mehr, wollten die kleinen und großen Skandale, wollten Untiefen aufspüren und nicht so sehr das wirkliche Leben. So wurde Margot Käßmann mehr als einmal mit gepushten und gebeugten Schlagzeilen für diese ihr eigene Offenheit bestraft.

Spätestens nach dem bis zur Ermüdung pressetechnisch ausgelutschten Skandal um ihre Alkoholfahrt und auch nach dem Echo auf die Bekanntgabe ihrer Brustkrebserkrankung hat sich Margot Käßmanns Verhältnis zur Presse deutlich geändert. Sie hat auch früher schon versucht, ihre Kinder rauszuhalten und abzuschotten, doch dass das nicht genug war, wurde ihr im Laufe der Schlagzeilen klar.

So hat sie gelernt, sich und ihre Familie zu schützen, und gibt heute zu ihren privaten Angelegenheiten überhaupt keine Interviews mehr. Nicht zu ihrem Privatleben, nicht zu ihrem persönlichen Leben und auch nicht zu ihren Kindern.

Und sie fühlt sich auch nicht bemüßigt, die Rücktritte anderer Personen des öffentlichen Lebens öffentlich zu kommentieren.

Die Mutter aller Rücktritte? Fast scheint die Presse Margot Käßmann so einstufen zu wollen, denn die Anfragen für Talkshows häuften sich nach ihrem Rücktritt. So sollte sie Stellung nehmen zu den Rücktritten beispielsweise von Herrn zu Guttenberg, Herrn Wulff, Herrn Köhler oder Frau Schavan. Das hat sie immer abgelehnt. Überhaupt sagt sie wesentlich öfter Nein zu Presseanfragen und hat eine deutlich größere Distanz aufgebaut, die ihr guttut.

Margot Käßmann – die Nervensäge

Margot Käßmann sagte einmal bei einem Kirchentag: »Die Gesellschaft braucht Nervensägen.« Dieser Ausspruch ist aus einer Bibelarbeit entstanden und war ursprünglich ein Wortspiel. Margot Käßmann bezieht sich auf ein Gleichnis im Lukas-Evangelium, in dem eine Witwe immer wieder Recht von ihrem Unrecht sprechenden Richter fordert. Sie nervt ihn so lange, bis er nachgibt und tatsächlich Recht spricht.

Solche Nervensägen wünscht sich Margot Käßmann unter den Christen. Gerade heute, in Zeiten, in denen es so viele Probleme gibt. Als Beispiel nennt sie die Katastrophe der Flüchtlinge. Menschen, die auf der Suche nach Frieden im Mittelmeer ertrinken oder, sollten sie die Überfahrt überleben, auch noch Strafe zahlen sollen, weil sie zu Unrecht versucht haben, nach Europa zu gelangen. Das darf so nicht hingenommen werden. Wir alle dürfen uns nicht zurücklehnen und heraushalten.

Oder wenn man den Waffenhandel betrachtet. Die Bundesrepublik Deutschland ist auf Platz drei aller Waffenexporteure der Welt. Ein Land, das ursprünglich nie wieder Waffen zur Hand nehmen wollte.

Genau hier brauchen wir nach Margot Käßmanns Auffassung Christinnen und Christen, die aufstehen und sagen: »Das darf nicht sein.« Sie müssen so lange nerven, bis dieses Elend ein Ende hat. Bis die Dinge geändert werden, die so falsch laufen.

Wer möchte dieser starken Frau an dieser Stelle widersprechen?

Dabei sieht Frau Käßmann sich selbst eigentlich gar nicht als Nervensäge. Gewiss, sie steht zu ihrer Überzeugung und kämpft auch dafür, aber es ist nicht ihre Absicht, an anderer Menschen Nerven zu sägen. Sie will überzeugen und Überzeugungsarbeit leisten. Und doch kann sie nicht umhin zuzugeben, dass es sicher viele Leute gibt, die sie genau so empfinden. Aber das findet sie keineswegs schlimm. Wenn es dem Guten dient, kann sie gut damit leben, als Nervensäge zu gelten.

Bibel oder Politik?

Immer wieder wird Margot Käßmann vorgeworfen, sie sei zu politisch. Wie geht sie damit um?

Zuerst einmal mit einer ganz klaren Aussage: »Ich finde mich nicht zu politisch.«

Wobei, auch das betont sie, Margot Käßmann niemals parteipolitisch gebunden war oder sich derart geäußert hätte. Und außerdem findet sie sich relativ harmlos, denn ihre Themen sind Grundthemen, doch eben diese sind nun einmal sehr wichtig.

Natürlich belässt sie es nicht bei einer einfachen Meinungsäußerung, sondern erklärt auch direkt, wieso sie als christliche Botschafterin überhaupt nicht unpolitisch sein kann. Die Bibel selbst ist nicht unpolitisch – wie könnten es dann ihre Botschafter sein?

»Der Fremdling, der unter euch wohnt, den sollt ihr schützen.« Genau das steht in der Bibel. Und selbstverständlich kann man das nicht nur auf die Zeit damals beziehen, wenn man die Bibel und ihre Werte heute bedeutsam halten will. Selbstverständlich hat das auch mit den »Fremdlingen« heute zu tun. Und ja, das ist politisch, aber es ist keine Aussage, die von Margot Käßmann kommt, sondern ein Zitat aus der Bibel. Politisch? Ja! Zu politisch? Eindeutig nein.

Margot Käßmann führt weitere Bibelzitate an: »Selig sind, die Frieden stiften.« Und: »Gerechtigkeit und Friede werden sich küssen.«

Natürlich ist das politisch.

Natürlich ist das brandaktuell.

Natürlich ist das christlich.

Wie sollte man so etwas voneinander trennen? Und vor allem: wieso? Die Bibel ist kein Buch, das sich jenseits der Wirklichkeit in irgendwelchen Theorien ergeht. Für Margot Käßmann gehört die Bibel mitsamt ihren politischen Aussagen mitten in die Welt. Dort will sie die Welt verbessern, nicht vom Rand der Spielfläche aus.

Im Glauben gehalten

Wo Glauben ist, ist der Zweifel nicht weit. Hätte man die absolute Gewissheit, würde es Wissen heißen, nicht Glauben. Und so gehören diese beiden Dinge auch für Margot Käßmann zusammen.

Sie selbst hat im ersten Ansatz über das Hineinwachsen zu ihrem Glauben gefunden, über die Familie. Der Glaube war schon immer Teil ihres Lebens, gehörte ganz selbstverständlich dazu.

Der zweite Weg, wie man zum Glauben finden kann, ist das eigene Fragen und Forschen. Und auch diesen Weg hat Margot Käßmann beschritten.

Martin Buber sagte, wenn man sich Gott aus diesen beiden Richtungen nähert, wird der Glaube immer stärker. Welcher der beiden Wege – oder beide zusammen – für die Stärke von Margot Käßmanns Glauben ausschlaggebend ist, weiß sie nicht. Aber sie hat sich in ihrem Leben immer im Glauben gehalten gefühlt. Sowohl in den größten Glücksmomenten als auch in den Phasen der schwierigsten Krisen.

Menschen, die nicht zum Glauben finden, keinen Zugang finden, obwohl sie gerne möchten, empfiehlt sie – ganz in Luther-Manier –, man solle nicht so viel Brimborium machen, sondern einfach mal anfangen. Für den Beginn solle man ein tägliches Vaterunser beten mit einem kräftigen Amen am Ende, gegen den Zweifel. Dann solle man sehen, was sich entwickelt.

Margot Käßmann vergleicht den Glauben zu Gott mit einer Beziehung zu einem anderen Menschen. Man lernt sich kennen, freundet sich an und nähert sich immer weiter an. Über die Jahre entsteht Vertrauen, es gibt gute Gespräche. Sie sagt, man könne den Glauben nicht einfach an- oder ausknipsen, das müsse wachsen.

Vielleicht ist das wirklich ein Weg für die Suchenden? Vielleicht sollte man den Glauben nicht so sehr mit dem Kopf angehen, sondern erst einmal das Herz öffnen, der Rest folgt von allein. Aber natürlich hat auch Margot Käßmann Fragen. Sie als überzeugte Pazifistin würde sehr gerne mit Gott diskutieren, wie er das mit den Kämpfen sieht, die es auch in der Bibel gibt. So versteht sie nicht, wieso Gott zum Beispiel einen Propheten wie Elija als Kämpfer sieht. Für Margot Käßmann ist Gewalt nie eine Lösung und immer ein Irrtum im Glauben. Kein Wunder, dass sie sich mit derlei Bibelstellen schwertut. Aber auch die Frage der Auferstehung würde sie gerne mit Gott diskutieren. Wie das aussehen soll. Wie er sich das vorstellt. An diesem Punkt sagt sie lächelnd: »Na ja, wir werden sehen.«

Einen Punkt für sich selbst finden

Etwas Gutes zu bewirken, ist für Margot Käßmann ein wichtiger Antrieb. Sie will sich nicht immer damit abspeisen lassen, dass gesagt wird, man könne das große Ganze nicht ändern. Ihre tiefe Überzeugung ist, dass jeder mit kleinen Schritten und kleinen Handlungen etwas zur Verbesserung der Welt beitragen kann. Dabei liegt es ihr fern, mit dem moralischen Zeigefinger zu winken, vielmehr ermutigt sie Menschen (und auch sich selbst), zu reflektieren und die Welt mit offenen Augen zu betrachten. So kann jeder einen Punkt für sich selbst finden, an dem er sagen kann: Hier habe ich etwas bewirkt, hier habe ich dazu beigetragen, dass etwas einen positiven Impuls bekommen konnte.

Ein greifbares Beispiel, das Margot Käßmann für diese Betrachtungen heranzieht, ist die extrem angespannte Situation alleinerziehender Mütter im Zusammenhang mit dem einsamen Leben vieler älterer Menschen.

Während die Mütter oft nicht wissen, wie sie alle Aufgaben unter einen Hut bringen können, wie sie den Anforderungen, die Kinder, Beruf und Haushalt an sie stellen, gerecht werden können, und unter dem Druck in eine Spirale der Erschöpfung und Überforderung geraten, sitzen auf der anderen Seite Senioren oft aus Einsamkeit und Langeweile über viele Stunden täglich vor dem Fernsehgerät.

Wenn es nach Margot Käßmann geht, sollten wir alle nicht darauf warten, dass der Staat eingreift, irgendwelche Modelle erarbeiten lässt, die am Ende vielleicht ohnehin in der Bürokratie ersticken. Nein, vielmehr gilt es, genau an solchen Punkten selbst aktiv zu werden. Wir als Zivilgesellschaft sollten hier eingreifen und etwas in Gang setzen. Wir müssen nicht alle Alleinerziehenden gleichzeitig entlasten, nicht alle Senioren auf einen Schlag aus der Einsamkeit retten. Wenn wir nur einer Mutter helfen können, nur einem alten Menschen Freude zurückbringen, haben wir schon etwas erreicht. Natürlich gilt: je mehr, desto besser.

Margot Käßmann erzählt, dass es in Berlin bereits Kindertagesstätten in Nachbarschaft zu Seniorenheimen gibt und ein Zusammenwirken funktioniert. Und ebenso gibt es Kirchengemeinden, die Großelternbörsen ins Leben gerufen haben, um genau solche Menschen zusammenzubringen. Sie selbst möchte für sich, wenn sie zurückblickt, diesen Bereich gefunden haben, in dem sie etwas bewegen konnte. Das ist ihr ein wichtiges Anliegen an sich selbst.

Die Kraft der Sprache

Worte können die Welt verändern, sie können Gutes und Schlechtes bewirken und haben eine enorme Kraft, die auf keinen Fall unterschätzt werden darf.

Dessen ist sich Margot Käßmann absolut bewusst und sie setzt sehr gekonnt die Kraft ihrer Sprache ein. Dabei kommt es ihr überhaupt nicht darauf an, sich durch ihre Worte zu profilieren. Sie will nicht zeigen: Seht her, was ich alles weiß! Ich bin gebildet und habe den Durchblick. Genau das liegt ihr ebenso fern wie ein moralischer Zeigefinger. Vielmehr möchte sie die Menschen immer wieder neu mit ihrer Sprache bewegen und zum Nachdenken anregen.

Worte findet sie gerade in der heutigen stark medial geprägten Welt, in der sehr viel über Bilder und Musik vermittelt wird, enorm wichtig. Denn über Worte wird in einem besonders hohen Maß – im Vergleich zu anderen Informationsquellen – das eigene Denken angeregt. Und wer selbst nachdenkt, hinterfragt und sich auseinandersetzt, der hat auch die Möglichkeit, sich eine eigene Meinung zu bilden.

Hier ist Margot Käßmann – wie so oft – genau in der lutherischen Linie, denn auch Martin Luther wollte die Menschen immer zu eigenem Denken anregen – und keine Schafe, die blind folgen. Nur wer aus sich selbst heraus, durch Nachdenken und Reflektieren, eine Überzeugung gewonnen hat, wird auch in schwierigen Zeiten dazu stehen. Nur so kann es dazu kommen, dass man irgendwann frei nach Luther sagt: »Nun stehe ich hier und kann nicht anders ...« Und das nicht nur in Bezug auf christlichen Glauben, sondern mit Blick auf alle Dinge, für die es sich zu kämpfen lohnt – generell könnte man sagen: für eine bessere Welt.

Für diese Kraft ihrer Sprache wurde Margot Käßmann 2013 von der German Speakers Association mit dem deutschen Rednerpreis ausgezeichnet.

Aber selbstverständlich braucht eine kraftvolle Sprache auch Inhalte, sonst verliert sie ihren Wert. Reden ist viel mehr als Worte. Das sinnvolle Reden bedeutet Empathie, Reflexion und Inhalt, das alles überträgt sich über das Wort.

Und genau diese Inhalte hat Margot Käßmann. Sie wird nicht müde, ihre Botschaft, die Botschaft des Glaubens, der Menschlichkeit und des Friedens, in die Welt hinauszutragen – immer mithilfe ihrer Worte, immer mit der Kraft der Sprache.

Brennen für die eigene Sache

Um etwas zu erreichen, genügt es nicht, das nur zu wollen, man muss aktiv werden. Selbst um beim Lotto zu gewinnen, muss man etwas tun – nämlich den Lottoschein ausfüllen und abgeben.

Wer halbherzig etwas will, wird vielleicht einen ebenso halbherzigen Anlauf nehmen, wird dies oder jenes tun, um sein Ziel zu erreichen, aber sobald es anstrengend wird, wenn es die ersten Hürden zu überwinden gilt, wird derjenige hinschmeißen und die Lust verlieren. So wichtig ist es dann eben doch nicht, so dringend brennt man nicht dafür, sich diesen halbherzigen Wunsch zu erfüllen.

Je höher Ziele gesteckt sind, je steiniger und schwieriger der Weg ist, um etwas erreichen zu können, desto mehr Wollen braucht derjenige, der diesem Ziel entgegenstrebt.

So gibt es in der Wirtschaft seit einigen Jahren einen Trend zurück zu Werten, zum Glauben oder auch zur Spiritualität. Das bestätigt auch

Margot Käßmann, die verstärkt Einladungen als Rednerin aus der Wirtschaft bekommt.

Für sie ist das nicht weiter verwunderlich, denn Mitarbeiter nur zu immer mehr Höchstleistungen zu motivieren, genügt nicht, um sie auf Dauer zu binden. Immer nur mehr Leistung zu fordern, bringt kein Unternehmen nach vorne. Selbst dann nicht, wenn das Gehalt nach oben angepasst wird, wenn es Sondergratifikationen und besondere wirtschaftliche Anreize gibt. Noch mehr Geld macht eben nicht noch glücklicher. Und nur derartige Anreize können Menschen nicht an ein Unternehmen binden – zumindest nicht mit ihrer ganzen Kraft, mit ihrem vollen Einsatz.

Um eine Bindung aus vollem Herzen zu erreichen, bedarf es einer anderen Ebene der Verbundenheit. Menschen setzen sich mit viel mehr Überzeugung ein, wenn sie sich an eine Idee binden. Wenn dieser Zustand erreicht wird, ist es für die Mitarbeiter nicht mehr nur ein von außen vorgegebenes Ziel, nicht mehr nur auf der einen Seite der Arbeitgeber und auf der anderen der Mitarbeiter, nein, dann ist es: mein Unternehmen, mein Ziel, meine Sache.

Hat man diesen Zustand erreicht, sind die Menschen mit vollem Herzen dabei. Und nur dann können sie für die Sache brennen, die zu ihrer eigenen geworden ist.

Und so wird Margot Käßmann sicher weiterhin viele Einladungen aus allen möglichen Wirtschaftsbereichen erhalten und dort mit der Kraft ihrer Worte Inhalte und Empathie vermitteln, die Mitarbeiter zum Brennen für die eigene Sache bringen oder ihnen zumindest den Weg dorthin weisen.

Die Liebe bleibt

Unsere Lebenszeit ist endlich – das wissen wir alle. Doch meist wollen wir uns gar nicht mit der Endlichkeit auseinandersetzen und viel lieber so leben, als wäre dieser Status auf Dauer, als hätten wir unendlich Zeit.

Margot Käßmann möchte sehr bewusst das Gespräch über das Sterben anregen, einen Denkimpuls setzen. Sie sagt, man sollte so gut es geht das Leben genießen, aber nicht die Zeit vergeuden, die man hat. Sie spricht in diesem Zusammenhang auch von verantwortungsvollem Leben. Aber auf keinen Fall möchte sie damit in eine zu ernste Ecke rücken, vielmehr kann sich diese Verantwortung auch schon in vermeintlich kleinen Dingen spiegeln. Sei es, einem Kind Zeit zu widmen oder einem Nachbarn unter die Arme zu greifen.

Jeder Mensch hat eine Gabe, diese sollte er nutzen und auch zum Wohle anderer einsetzen. Dabei sollten die Lebenslust und das Genießen aber nie vergessen werden, denn das ist wichtig, es gehört dazu und es kann Kraft geben.

Wenn man beim Zurückschauen sagen kann: »Ja, das war richtig, das war gut«, dann ist das wunderbar, dann kann man in Frieden gehen.

Und wenn man Menschen loslassen muss, weil ihre Lebenszeit zu Ende gegangen ist, wird die Liebe bleiben.

Genau in diesem Sinne denkt Margot Käßmann an die Menschen, von denen sie sich verabschieden musste. Ihre Großmutter hat einen besonderen Platz in Frau Käßmanns Herzen, denn sie war eine beeindruckende Frau. Wenn sich Margot Käßmann zurückerinnert, sagt sie, ihre Großmutter blieb immer eine fröhliche Frau, auch wenn es in ihrem Leben viele Schwierigkeiten gab. Sie wurde vertrieben aus Hinterpommern, musste neu anfangen, sich vieles erkämpfen, das Lachen konnten ihr diese Mühen nicht nehmen.

Dieses Bild der fröhlichen Großmutter ist etwas, was Frau Käßmann in sich trägt, was ein Teil von ihr ist. Und es wird weitergegeben an die nächste Generation. Auf diese Weise entwickeln sich Erinnerungsketten, die Vorbilder sein können, Halt geben können und richtungsweisend sind. Das muss nicht über das

Bewusstsein ablaufen, es geht nicht darum, Geschichten lebendig zu halten, es sind wohl eher die positiven Informationen, die in der Seele verankert von Generation zu Generation weitergegeben werden, die tradieren. Die Liebe bleibt.

Ein Lied im Auf und Ab der Zuneigung

Zur Kirche gehören Lieder, das ist für jeden selbstverständlich. Doch nicht jeder mag jedes Lied gleich gern. Ebenso wie in der weltlichen Musik kann man natürlich auch bei kirchlichen Liedern Vorlieben entwickeln, ein Lied oder Lieder haben, die einen besonders anrühren, die in Verbindung zu einem besonderen Ereignis oder zu Lebensphasen stehen und dadurch eine persönliche Bedeutung erlangen. Ein Kirchenlied als Lebensbegleiter sozusagen.

So ein Lied hat auch Margot Käßmann. Die Musik stammt von Bach, der Text von Martin Luther: »Ein feste Burg ist unser Gott«.

Dieses Lied wurde bei Margot Käßmann bereits in ihrer Kindheit zu Hause gesungen. Sie mochte es immer gern. Doch während ihrer Studienzeit gab es eine Zuneigungskrise, Frau Käßmann empfand das Lied als zu martialisch, stand dem im Lied wiedergegebenen Männer- und Frauenbild kritisch gegenüber. So heißt es: »Gut, Ehr, Kind und Weib lass fahren dahin …«

1985 fand sie einen neuen Zugang zu diesem Kirchenlied. Damals war sie für den ökumenischen Rat der Kirchen bei den Kirchen in Argentinien, bei der Lutherischen Kirche am Rio de la Plata. Die Versammlung begann mit genau diesem Luther-Lied, das in Margot Käßmanns Zuneigung seit dem Theologie-Studium nicht mehr ganz oben stand. Während die Gemeindemitglieder sangen, wurde Margot Käßmann bewusst, was dieses Lied diesen Menschen dort bedeutete. Für diese Minderheitenkirche, auch noch in so unsicheren Zeiten, die Militärdiktatur hatten sie gerade erst hinter sich gelassen, stand dieses Lied als Identifikationsmöglichkeit. Diese Worte, die nach dem Psalmwort sagen: »Gott ist meine feste Burg«, gaben ihnen einen Glaubensanker, einen Halt in Zeiten, die oft haltlos waren.

Und so konnte Margot Käßmann nach Zeiten der kritischen Haltung dem Lied gegenüber in dieser Kirche in Argentinien wieder die Kraft des Textes spüren und nachfühlen, was für einen wichtigen Stellenwert es hat.

Mutig voran und trotzdem auch eine gute Mutter sein

Ist sie eine Kämpferin? Auf diese Frage weiß Margot Käßmann nicht sofort eine Antwort. Mit Blick auf ihre Karriere findet sie Mut eine viel wichtigere und herausragendere Eigenschaft von sich selbst.

So war es oft gar nicht ein Kampf, sondern eine Frage des Mutes, wenn es um eine Entscheidung ging. So auch, als sie überlegte, sich als junge Frau, frisch nach dem Studium und gerade Mutter ihrer ersten Tochter geworden, zur Wahl zu stellen. Damals ging es um die Zentralausschusswahl im Ökumenischen Rat der Kirchen. Der EKD hatte sechs Plätze und 15 Prozent der Gewählten sollten unter 30 sein. Das war wie auf Frau Käßmann zugeschnitten.

Die zentrale Frage für Margot Käßmann selbst war: Traue ich mich, mich in ein Leitungsorgan des Ökumenischen Rates der Kirchen wählen zu lassen?

Ja, sie hat sich getraut und auch im weiteren Verlauf ihres Lebens an solch zentralen Lebensstellen immer wieder im richtigen Moment den Mut aufgebracht, Ja zu sagen. Ja zu Herausforderungen. Ja zu Entscheidungen.

Nur einmal ist sie eingeknickt, und im Rückblick findet sie es immer noch schade und weiß gar nicht genau, wieso sie in diesem Moment damals so schwach war. Diese Entscheidung hat sie später auch bereut, besonders in Zeiten, in denen sie ohne Stelle war, nur Zeitverträge hatte oder sich mit Honorarverträgen durchschlagen musste.

Vermutlich hing es mit dem gesellschaftlichen Druck zusammen. Einer Gesellschaft, die einer jungen Mutter mit drei Kindern schnell zu verstehen gab, sie sei keine gute Mutter, wenn sie nicht um der Kinder willen bei der Karriere zurücksteckte. Und so sagte auch die Kirche, sie solle sich das gut überlegen, sie könne so eine Belastung doch auch der Gemeinde nicht zumuten.

Damals ging es um eine Pfarrstelle, um die sie sich gemeinsam mit ihrem Mann beworben hatte. Aus heutiger Sicht und mit der Lebenserfahrung, die Frau Käßmann inzwischen hat, würde ihr das vermutlich nicht mehr passieren. Zu etwas Vergleichbarem ist es auch nicht wieder gekommen, als im Laufe ihrer Karriere ähnliche Situationen eintraten. Oft gingen die Diskussionen gar nicht so sehr um ihre theologische Qualifikation, sondern vielmehr darum, ob eine Mutter von vier Kindern ein anspruchsvolles Amt ausfüllen könne.

Einmal Einknicken ist für eine mutige Frau wie Margot Käßmann genug. Damals aber ließ sie sich kleinreden. Die Stelle bekam ihr Mann.

Alle Eltern sind gleich, aber manche sind gleicher als andere

Berufstätige Eltern sind inzwischen Teil unserer Gesellschaft. Die Idealvorstellung ist, dass die Elternpflichten gemeinsam getragen, die Aufgaben geteilt werden. So weit die Theorie.

In der Praxis findet sich immer noch oft die klassische Aufteilung des verdienenden Mannes und der umsorgenden Frau. Auch wenn es inzwischen immer mehr Väter gibt, die Elternzeit nehmen, die sich die Erziehungsaufgaben mit ihrer Frau teilen, ist es trotzdem noch ein weiter Weg, bis die klassischen Muster aus den Köpfen der Gesellschaft verschwunden sein werden.

Diese Erfahrung machen auch oft Frauen, die sich um einen Job bewerben. Meist läuft so etwas unterschwellig, aber doch auf eine Art und Weise, dass die Frauen es mitbekommen.

So war es auch, als es um die Bischofswahl ging. Margot Käßmanns Gegenkandidat hatte fünf Söhne, sie hatte vier Töchter. Ihn hat damals keiner gefragt, ob es denn problemlos möglich sei, mit fünf Söhnen das Amt als Bischof auszufüllen. Automatisch sitzt in den Köpfen die Annahme, wenn ein Mann Kinder hat, egal ob eins oder fünf, dann gibt es auch eine Frau im Hintergrund, die ihm den Rücken freihält, die die Familie trägt. Margot Käßmann dagegen musste zu dieser Thematik Rede und Antwort stehen. Ihrem Gefühl nach wurde sie in eine Schublade gesteckt, als eine Frau angesehen, die auf dem Rücken ihrer Kinder Karriere machen möchte. Es schien, als müsse man ihre Töchter vor dem Ehrgeiz der Mutter schützen.

Als Vorkämpferin möchte Margot Käßmann sich eigentlich nicht sehen, aber natürlich ist sie sich der Signale bewusst, die sie mit ihrem Mut und ihrem Engagement setzt, und sie hofft, anderen Frauen durch ihr Handeln, durch ihre Kraft Mut zu machen. Dass es den auch in der heutigen Zeit noch braucht, wird niemand bestreiten. Es ist noch ein weiter Weg, bis wir sagen können: »Alle Eltern sind gleich.«

Das Haar in der Bibel

Wer in der Öffentlichkeit steht, bekommt viele Meinungen, Lob und auch Kritik. Ungefragt. Es gibt zahlreiche Menschen, denen es wichtig ist, sich mitzuteilen. Oft sind solche Rückmeldungen per Mail oder Brief freundlich und sachlich, manchmal überschwänglich herzlich, mitunter distanziert kritisch.

Manchmal allerdings kommt man doch ins Staunen, wozu ihr Mitteilungsbedürfnis Menschen treiben kann.

Sich über die Frisur eines Menschen, der in der Öffentlichkeit steht, privat Gedanken zu machen, ist eine Sache. Da mag es vorkommen, dass man auf dem Sofa sitzt, seinen Partner anstupst und sagt: »Hey, die Haare stehen ihr nicht, rot (grün, blau, violett …) und kurz (lang, lockig, glatt …) fand ich besser.« Doch immer wieder genügt es Menschen nicht, derlei Gedanken im privaten Umfeld zu äußern. Es gibt Leute, die setzen sich hin und schreiben zu solchen Dingen Briefe.

Davon kann auch Margot Käßmann ein Lied singen. So bekam sie einen Brief, in dem ihre kurzen Haare kritisiert wurden. Mehr noch, der Absender sah sich bemüßigt, Frau Käßmann darauf hinzuweisen, dass schon in der Bibel steht: »Lange Haare sind die Zierde einer Frau.«

Doch bei den Betrachtungen der Haare war noch lange nicht Schluss. Ein anderer Kritiker fragte Margot Käßmann nach ihren Schuhen.

Nanu, mag man denken. Waren die etwa nicht gut geputzt? Oder stimmte die Farbe nicht? Das Material?

Weit gefehlt! Die Höhe war der Stein des Anstoßes. Der Schreiber erklärte, was ihn störte, und auch er bezog sich bei seiner stringenten Argumentation auf die Bibel. Jesus sagt: »Wer sich selbst erhöht, wird erniedrigt werden.«

Frau Käßmann nimmt derlei Auswüchse mit Humor und bleibt bei sich selbst, ihren kurzen Haaren und auch den Schuhen mit Absatz. Und die Briefe kommen in die Hängeregistratur unter »Kuriosa«.

Joggen im Gespräch mit Gott

Passen Glauben und Sport zusammen? Ergänzen sie sich? Stärken sie sich gegenseitig?

Die Unterschiede sind schnell ausgemacht. Sport ist sehr körperbetont, das hat mit dem Glauben zuerst einmal nichts gemeinsam. Doch wenn man tiefer geht, finden sich durchaus Ansätze, die diese beiden Dinge miteinander verbinden.

Dass Glauben nicht nur etwas Spirituelles ist, betont Margot Käßmann immer wieder. Für sie soll die Kirche – und damit der Glaube – mitten drin im Leben sein. Den Glauben im Alltag zu leben, Kirche und Menschen gemeinsam – das ist der Weg. Weltabgewandt einen abgehobenen Glauben zu zelebrieren, hilft niemandem, erreicht niemanden.

So ist es nicht erstaunlich, dass Margot Käßmann auch problemlos eine Brücke vom Glauben zum Sport schlägt.

Als Herausgeberin des *Chrismon*-Magazins traf Margot Käßmann auf den Fußballer Philipp Lahm. Sie spielt überhaupt nicht Fußball, aber dennoch verstanden sich die beiden ausgezeichnet.

Kirche und Sport sollten im Dialog sein, findet Frau Käßmann, denn auch Körpererfahrung ist wichtig. Damit lernen wir, das Geschenk, das unser Körper für uns darstellt, besser zu achten, uns selbst kennenzulernen. Darüber hinaus kann das körperliche Erleben auch den Geist beeinflussen. Bei mystischen Übungen, die über den fließenden Atem einen freien Geist bewirken, vielleicht besonders, aber auch andere Betätigungen können bei dieser Entwicklung helfen.

Margot Käßmann reflektiert die Verbindung Glaube und Sport anhand ihres Alltags. So geht sie sehr gerne joggen, und genau das sind die Momente, in denen sie Zeit findet, um einen freien Kopf zu bekommen. Natürlich kann man während des Joggens über den nächsten Termin, die bevorstehenden Aufgaben oder ganz profan auch über den nächsten Einkauf nachdenken. Das Joggen hilft dabei, diese Ebene zu verlassen.

Die gleichförmige rhythmische Bewegung hilft ihr, den Alltag loszulassen. Oft nutzt sie die Joggingzeit, um in ein Gespräch mit Gott zu kommen.

Der direkte Draht zum lieben Gott

Beten ist wichtig. So wichtig, dass sogar Nicht-Christen in heiklen Situationen oft auf dieses Ritual zurückgreifen, denn es gibt Halt in Momenten, in denen man droht, genau diesen zu verlieren.

Aber natürlich muss man sich für das tägliche Gebet auch täglich ein paar Minuten Zeit nehmen. Wie man betet, in welcher Körperhaltung, ob man einen besonderen Rahmen dafür haben möchte, Kerzen, einen bestimmten Platz, ist jedem selbst überlassen. Das Gebet selbst braucht diese Äußerlichkeiten nicht, sie sind allenfalls gut für den Betenden, wenn er sich damit besser fühlt.

Auch was gebetet wird, kann jeder selbst entscheiden. Es gibt kein »Muss«. Man kann ein vorgegebenes Gebet sprechen, wie das Vaterunser oder auch einen persönlichen freien Text wählen.

Das Gebet ist sozusagen das Telefon der Christen, um mit dem Herrn in Kontakt zu kommen. Der direkte Draht zum lieben Gott. Und natürlich empfinden es viele als wohltuend, sich die Zeit für ein Gebet zu nehmen. Doch fällt genau dieses Sich-Zeit-Nehmen vielen Menschen schwer, zu drängend klopft das Leben an. Der Alltag ist hektisch, das Leben dicht – ebenso der Terminkalender. Zu wichtig sind die weltlichen Verpflichtungen. Zumindest wird das oft behauptet.

Das ist mit dem Gebet nicht anders als mit dem Sport. Die Dinge, die eigentlich guttäten, werden oft aufgeschoben und vernachlässigt.

Den vollen Terminkalender hat auch Margot Käßmann. Doch für sie ist das kein Grund, das Gebet zu vernachlässigen oder gar im täglichen Leben darauf zu verzichten.

Aber natürlich bleibt ihr meist keine Zeit, ein langes, ausführliches Gebet zu sprechen. Kein Wunder also, dass sie Luthers Morgensegen so sehr mag. Und so sagt sie oft frei nach Luther: »Dein heiliger Engel sei mit mir, dass ich diesen Tag bestehe.« Und dann: ran an die Arbeit.

Krisen erleben

Jede Krise hat ihre eigene Macht, ihre eigene Energie. Wer eine Krise durchlebt und überlebt hat, geht gestärkt daraus hervor.

In Margot Käßmanns Leben gab es zum Zeitpunkt des Gesprächs (2009) zwei sehr einschneidende und entscheidende Krisen – die Brustkrebserkrankung und ihre Scheidung.

Durch die Erkrankung hat sie noch einmal einen anderen Zugang zum Thema Endlichkeit des Lebens erfahren. Natürlich war ihr das bereits vorher bewusst und sie hat auch darüber gesprochen. Aber wenn die Botschaft »Das Leben ist endlich« plötzlich eine persönliche Nachricht wird, bekommt dieses Wissen eine andere Dimension. Frau Käßmann ist an dieser Erfahrung gereift. Sie sagt: »Krankheit vertieft eigentlich dein Lebensgefühl.«

Gefragt, welche dieser Krisen die schwierigere war, wehrt Frau Käßmann ab. Es waren zwei so unterschiedliche Dinge, die lassen sich nicht vergleichen. Und doch, nach einem Moment des Innehaltens, erzählt sie von ihren Erfahrungen. So wird deutlich, was die großen Unterschiede ausmachte. Nicht nur die Tatsache, dass die eine Krise körperlich und die andere zwischenmenschlich war. Viel gewichtiger waren die Reaktionen des Umfelds, die in diesen Situationen auf Frau Käßmann zukamen.

Als ihre Brustkrebserkrankung bekannt wurde, gab es für Margot Käßmann eine Fülle großer Anteilnahme. Sie bekam von allen Seiten Genesungswünsche, Briefe, Blumen, Geschenke. Sie fühlte sich nicht nur getragen von Gottes Hand, sondern auch von der Liebe ihrer Mitmenschen.

Bei der Scheidung war das eine andere Geschichte. Hier wurde sie zwar ebenfalls von Gott getragen, doch die Gesellschaft versagte ihr zumindest in Teilen die hilfreiche, stärkende und tragende Empathie. Da gab es von vielen Seiten Häme. Menschen, die sich zu Richtern aufspielten, die ganz klar »wussten«, dass die Schuld bei ihr zu suchen sei – einer Frau, die trotz der vier Kinder Karriere machen wollte. Alte Rollenmuster in den Köpfen nutzten die Schwachstelle und brachen durch. Das hat Margot Käßmann wehgetan und sie verletzt. Aber letztlich hat auch das sie stark gemacht, ihr Tiefe gegeben.

Der nette Dieb

Die Gefahr, bestohlen zu werden, ist leider allgegenwärtig und ein Albtraum für jeden. Bei einem Wohnungseinbruch kommen zum Verlust auch noch die Gefühle des verletzten Persönlichkeitsraums hinzu. Plötzlich ist das Heim, das vermeintlich Sicherheit bietet, einen Rückzugsort vor den Anforderungen der Welt darstellt, von den Einbrechern gewissermaßen mit Beschlag belegt, vielleicht sogar tatsächlich, auf jeden Fall aber energetisch beschmutzt.

Aber auch bereits ein einfacher Handtaschenklau, das Entwenden eines Handys, einer Uhr oder einer Brieftasche stellen derbe Eingriffe dar, das persönliche Vertrauen in die Mitmenschen bekommt einen Sprung.

Genau dies musste auch Margot Käßmann erleben. Im ICE, irgendwo auf der Strecke zwischen Dortmund und Bochum, ging Margot Käßmann zur Toilette. Als sie zurückkam, war ihr Portemonnaie weg. Mit allem, was drin war: Führerschein, Bankkarte, Bahncard, Personalausweis. Ein herber Schlag gegen ihr Vertrauen in die Menschen. Und doch kann

Margot Käßmann bei ihrem ersten Auftritt als Moderatorin in der Sendung *3nach9* mit einem Lächeln darüber berichten, denn offensichtlich hatte sie Glück im Unglück. Kurz vor der Sendung erreichte Frau Käßmann die Nachricht von der Deutschen Bahn AG, dass eine Tüte mit ihren persönlichen Dokumenten gefunden worden war.

Offensichtlich – so meint sie – gibt es doch noch nette Diebe. Vielleicht so nach dem Motto: Du sollst zwar nicht stehlen, aber wenn es schon sein muss, dann gib wenigstens die Dinge zurück, mit denen du nichts anfangen kannst. Frau Käßmann zuckt mit den Schultern, während sie über diesen besonderen Service des Diebes sinniert. »Moralisch doch interessant«, meint sie. Und dann bringt sie es fertig, in den Zuschauerapplaus doch tatsächlich noch ein »Danke schön« in die Kamera zu rufen. Hat der Dieb jetzt ein gutes Werk getan? Irgendwie schon, auch wenn das gute Werk einen bitteren Beigeschmack hat.

Das haben Sie sich selbst eingebrockt

Bei ihrer Rede anlässlich des Delegiertentages der Gewerkschaft der Polizei (GdP) Niedersachsen im November 2009 beginnt Margot Käßmann scherzhaft und locker. Sie erzählt, am Abend zuvor habe jemand zu ihr gesagt, der Polizei müsse es wirklich schlecht gehen, wenn sie jetzt schon eine Bischöfin als Rednerin einlade.

Und genauso locker geht es in der Rede weiter – dabei bleiben jedoch die Inhalte nicht auf der Strecke. Und natürlich darf in der Rede einer Bischöfin auch die Bibel nicht fehlen. Mit einem etwas ironischen Lächeln sagt Frau Käßmann: »Das haben Sie sich selbst eingebrockt.«

Wieder sind die Lacher auf ihrer Seite, und das Publikum wirkt durchaus nicht angestrengt oder gequält.

Frau Käßmann macht es ihren Zuhörern wirklich leicht. Die Bibel sei nicht nur ein Glaubensbuch, erklärt sie, sondern vielmehr auch ein Bildungsstandard. Sie empfindet es geradezu als Tragödie, dass ausgerechnet in diesem

Land, in dem die Bibel zum ersten Mal in eine Volkssprache, die deutsche Sprache, übersetzt wurde, das Wissen um die Inhalte immer weniger wird, die Menschen die Bibel oft gar nicht mehr kennen. Dabei kann man dort genau die Werte finden, die unsere Gesellschaft braucht.

Es war das Anliegen Martin Luthers, den Menschen die Inhalte der Bibel zugänglich zu machen. Er wollte, dass jeder sie selbst lesen und verstehen kann und dies auch tue. Man sollte sein Gewissen daran schärfen und dann – auf der Basis dieser Werte – Verantwortung im Land übernehmen. Im Ergebnis entwickelt sich daraus Zivilcourage aus Überzeugung. Aus dem Glauben heraus werden Werte gebildet und gefestigt, vor allem aber werden diese Werte gelebt. Und da all das, was unsere Gesellschaft prägt, alle Werte, die wir gemeinsam leben, in der Bibel ihren Anker finden, bringt Frau Käßmann sie eben immer wieder mit in die Rede ein. Mag in den Köpfen der Zuhörer der Satz widerhallen: »Das haben Sie sich selbst eingebrockt.«

Ein voll cooles Buch, was?

Bei Johannes B. Kerner setzte sich Margot Käßmann für Martin Luther ein, um ihn in der Rangfolge für »Unsere Besten – Die größten Deutschen« auf den Siegerplatz zu bringen. Es ist ihr nicht ganz gelungen, Luther wurde nur Zweiter von zehn – geschlagen von Konrad Adenauer.

Als es nun darum ging, das beste Buch zu küren, kam die Kerner-Redaktion wieder auf Margot Käßmann zu. Es sollte ein Ranking geben: »Unsere Besten – Die Lieblingsbücher der Deutschen«.

Da man meinte, die Bibel könne es bis auf die ersten zehn Plätze schaffen – was für Frau Käßmann schon Grund zur Freude war –, wollte man einen Trailer dazu drehen. Und so sollte Margot Käßmann kurz zur Bibel Stellung nehmen, den Zuschauern näherbringen, wieso die Bibel auf Platz eins gehörte. Es hieß, ein Team würde ihr nur drei Fragen stellen. Es ginge schnell.

Es kamen ein junger Mann und eine junge Frau mit folgenden drei Fragen:

1. Können Sie zusammenfassen, was in diesem Buch steht?

   Man glaubt Margot Käßmann sofort, dass sie »leicht überfordert« war.

2. Können Sie dieses Buch als Urlaubslektüre empfehlen?

   Tatsächlich empfahl Frau Käßmann eine Stelle aus dem Buch Mose.

3. Ist dieses Buch Weltliteratur?

   Klare Antwort: Natürlich!

Während sie diese Geschichte bei ihrer Rede anlässlich des Delegiertentages der Gewerkschaft der Polizei (GdP) Niedersachsen im November 2009 erzählt, ist ihr die erheiterte Fassungslosigkeit bei der Erinnerung an die Aufforderung, die Bibel in einem Satz zusammenzufassen, immer noch anzumerken.

Doch damit nicht genug. Als das Team wieder einpackte, wurde Frau Käßmann vom Kameramann gefragt, ob sie meine, man solle auch als Nicht-Christ mal in das Buch reinschauen.

Darauf entgegnet sie nur, dass Tohuwabohu, Licht unterm Scheffel und unter aller Kanone aus der Bibel stammen.

Der Kameramann, sichtlich beeindruckt, antwortete: »Ein voll cooles Buch, was?«

Baader/Meinhof, die politische Meinung und die Verunsicherung

Verunsicherung begleitet viele Anfänge. Man muss sich erst zurechtfinden in der neuen Lebensphase, muss lernen, was wichtig ist und was nicht, wo man hin möchte und welcher Weg sicher nicht der richtige ist. So geht es insbesondere auch jungen Menschen, wenn sie mit ihrem Studium beginnen.

Sie probieren aus, reflektieren, betrachten ihre eigene Situation ebenso intensiv wie die Situation der ganzen Welt. Sie diskutieren. Bilden sich eine Meinung. Haben eine Meinung. Sie beziehen Stellung.

Die erste Zeit studierte Margot Käßmann an der Universität in Tübingen. Die Theologische Fakultät lag in direkter Nachbarschaft zum Pathologischen Institut.

Eines Morgens im Herbst war alles weiträumig abgesperrt. Überall gab es Sicherheitsmaßnahmen.

Was war geschehen?

An diesem Morgen wurden die Leichen von Jan-Carl Raspe, Andreas Baader und Gudrun Ensslin aus Stuttgart in die Pathologie nach Tübingen gebracht. Dort sollten sie untersucht werden.

Natürlich waren der Terror und die Gewalt Themen, die nicht nur die Tübinger Studenten bewegten, aber diese, die an diesem Tag etwas von den Sicherheitsvorkehrungen mitbekamen, hautnah etwas von der Atmosphäre und dem Gedanken an den Wahnsinn des Terrors miterlebten, traf es vielleicht besonders stark.

Plötzlich war die Welt in großer Aufregung.

Für Margot Käßmann, die sich bis dahin nie mit diesen Themen beschäftigt hatte, brachte diese Situation große Verunsicherung. Sie musste ihre Haltung erst finden, zu der sie sich bekennen wollte.

Einzelne zufällige Erlebnisse und Eindrücke können einem Menschen überhaupt erst zeigen, wie wenig gefestigt er in seiner Haltung noch ist, ganz allgemein oder auch im Hinblick auf sein Studienfach.

Sie sagt aber, am Anfang eines Studiums gibt es immer Verunsicherung, auch wenn die sich in sehr unterschiedlicher Gestalt präsentiert. Das ist eine Phase im Leben, die viel fordert, aber auch viel zu geben hat, wenn man sich ihr stellt.

Frau Käßmann sagt zu der Zeit des Studienbeginns und der dazugehörenden Gefühlslage: »Und wer sich ganz sicher ist, wird Verunsicherung lernen.«

Es gibt Licht in diesem Leben

Weihnachten ist das Fest der Liebe und es ist das Fest der Christen. Gefeiert wird die Geburt von Gottes Sohn. Die Freude über dieses Geschenk ist der Grund, wieso wir uns an Weihnachten gegenseitig Geschenke machen. Wir wollen das Glück teilen.

Seit einigen Jahren mischt sich in dieses christliche Fest aber auch ein weltlicher Einfluss ein – der Weihnachtsmann macht dem Christkind Konkurrenz. Angeblich soll er die Geschenke bringen. Kritiker sagen: Er ist nur eine Erfindung der Getränkeindustrie und soll den Absatz fördern.

Doch selbst das kann man auch mit einem herzlichen Lachen beantworten, wie Frau Käßmann beweist. Sie hat immer Wert darauf gelegt, dass es an Weihnachten um das Christkind geht. Es ist das Geschenk, das Gott uns macht. Wie da plötzlich ein Weihnachtsmann mitspielen soll, ist christlich nicht zu erklären.

Margot Käßmann kann über diesen etwas fülligen Weihnachtsmann auch lachen, doch sie sagt: »Mit der Bibel hat er nichts zu tun.«

Traurig wird sie lediglich, wenn sie Menschen sieht, die nicht Weihnachten feiern – sei es aus Muffelei oder weil sie allein sind. Für Margot Käßmann ist es das schönste Fest des Jahres. Es ist die Zeit des Innehaltens, des Ruhigwerdens, der Besinnung.

Gemeinsam mit Freunden und Familie einen Gottesdienst zu besuchen, zu essen und zu feiern und sich Liebe und Zeit zu schenken – das ist der wahre Geist der Weihnacht.

Für Margot Käßmann geht es darum, ein Licht anzuzünden, »mitten in einer Welt, in der es manchmal ziemlich dunkel ist«.

Das stärkt die Gewissheit und den Glauben daran, dass es eben doch Licht in diesem Leben gibt. Für Margot Käßmann ist dieses Licht ganz klar Jesus Christus selbst.

Unsere Bischöfin

Die großen christlichen Kirchen ringen seit Langem um Annäherung, suchen verbindende Punkte und bemühen sich darum, trennende Gräben zu überwinden und Brücken zu bauen.

Auch Margot Käßmann ist eine unermüdliche Kämpferin für die Ökumene, denn letztlich geht es darum, Christ zu sein, Werte zu leben und die Gemeinschaft zu pflegen.

Gerade im Hinblick auf Margot Käßmanns Einsatz als »Botschafterin für das Reformationsjubiläum 2017« bekommt die Arbeit an der Ökumene für sie eine besondere Wichtigkeit. Und selbstverständlich werden ihr gerade in diesem Zusammenhang Fragen gestellt, stellt sie sich selbst und anderen Fragen.

Kann man dieses Jubiläum tatsächlich gemeinsam ökumenisch feiern? Ist es nicht gerade dieses Datum, das den Ausgangspunkt der Trennung der Kirchen darstellt?

Frau Käßmann sagt ganz klar Ja zur gemeinsamen Feier. Sie findet, wir sollten uns nicht auf die Spaltung konzentrieren, sondern vielmehr die ökumenische Annäherung feiern, gerade im Hinblick auf dieses Datum. Sie nimmt dieses Jubiläum als Chance einer Standortbestimmung, einer Hinterfragung nicht nur des Gewesenen, sondern vielmehr auch des Kommenden. Wo will die Kirche hin? Was hat sie für Ziele? Was für Ideen gibt es, um diese Ziele zu erreichen?

Ein Ziel für Margot Käßmann ist die weitere Annäherung, das Stabilisieren und Ausweiten der Ökumene. Vielleicht wird es irgendwann die Möglichkeit geben, ein gemeinsames Abendmahl zu feiern? Frau Käßmann lässt sich diesen Traum nicht nehmen und setzt sich weiter dafür ein.

Ein besonderer Moment der Zusammengehörigkeit, an den sich Margot Käßmann herzlich gerne erinnert, fand auf dem Katholikentag in Osnabrück 2008 statt. Damals war sie noch Landesbischöfin der Evangelisch-lutherischen Landeskirche Hannovers.

Bischof Bode, Bischof des Bistums Osnabrück, sagte: »Wir danken unserer Landesbischöfin für die Predigt.«

Schöner kann man Verbundenheit nicht ausdrücken – auch wenn das vielleicht (man weiß es nicht) ein Versprecher war.

Schlotternde Hände

Krankheit ist immer gleichermaßen eine Krise wie auch eine Chance. Und doch ist dieser Moment der Diagnose, wenn es sich um eine schwerwiegende, vielleicht sogar lebensbedrohende Krankheit handelt, immer ein Moment, der von jetzt auf gleich das Leben auf den Kopf stellt.

Nichts wird mehr, wie es einmal war. Wertigkeiten verschieben sich. Die Einstellung zum Leben, zu Beruf, Familie und Freunden kommt auf den Prüfstand. Was bleibt in Zeiten der Krise? Wer bleibt? Wer wendet sich ab?

Dazu kommen ganz automatisch auch körperliche Überlegungen und Ängste. Was wird mit meinem Körper werden? Welche Behandlungen stehen an? Welche Alternativen gibt es?

Themen, mit denen sich Tausende Frauen Tag für Tag auseinandersetzen müssen, wenn sie die Diagnose Brustkrebs bekommen.

Genauso ging es auch Margot Käßmann 2006, als sie von ihrer Krebsdiagnose erfuhr. Doch anders als bei Frauen, die nicht so sehr in der Öffentlichkeit stehen, blieb ihr kaum eine Wahl, ob und wem sie etwas von der Krankheit erzählen wollte. Eine Bischöfin kann schließlich nicht mir nichts, dir nichts für Wochen und Monate abtauchen, ohne dass die Welt Fragen stellt.

Das war der Grund, weshalb sich Frau Käßmann für einen offensiven Umgang mit ihrer Krankheit entschied – und letztlich ist eine Brustkrebserkrankung ja ohnehin weder ein Vergehen noch eine Schande, sondern ein Schicksal, das Frau Käßmann mit vielen, vielen Frauen teilt.

In ihrem Buch *In der Mitte des Lebens* erzählt Margot Käßmann auch von ihrer Erkrankung und ihrem Umgang damit. Zum Erscheinungstermin des Buches in der niederländischen Übersetzung liest Margot Käßmann auf einem Mini-Symposium über den Midlife-Blues – das Beste kommt noch.

Und dann hält sie inne – sie hat gerade von einem Eingriff vorgelesen, bei dem ihr Tumor gestanzt wurde, um Gewebeproben zu entnehmen.

Sie sei ganz ruhig gewesen, erzählt sie, aber nach dem Termin, als sie mit ihrer Tochter Hanna zum Parkplatz kam, konnten beide das Ticket nicht lösen. Ihre Hände schlotterten dermaßen, dass sie die Euromünzen einfach nicht in den Schlitz bekamen.

Quellen

Beate Uhse und die Flughafenkapelle

Margot Käßmann – NDR Talk Show (2015)
https://www.youtube.com/watch?v=oxPxdb1WTig;
v. 22.09.15; aufgerufen am 13.05.2016.

Boa, was ist dem denn passiert?

Margot Käßmann – NDR Talk Show (2015)
https://www.youtube.com/watch?v=oxPxdb1WTig;
v. 22.09.15; aufgerufen am 13.05.2016.

Trotzig bis zuletzt

Margot Käßmann – NDR Talk Show (2015)
https://www.youtube.com/watch?v=oxPxdb1WTig;
v. 22.09.15; aufgerufen am 13.05.2016.

Folge deinem Herzen

Fritz Frey im Gespräch mit Margot Käßmann | SWR UniTalk
https://www.youtube.com/watch?v=W4gBw3bjXlE;
v. 30.10.2012; aufgerufen am 11.05.2016

Dr. Margot Käßmann – Rücktritt von allen Ämtern / Pressekonferenz von Dr. Margot Käßmann https://www.youtube.com/watch?v=r1cv8CjQjYo&spfreload=10; v. 24.02.2010; aufgerufen am 14.05.2016.

Stilbruch mit Stil

Fritz Frey im Gespräch mit Margot Käßmann | SWR UniTalk
https://www.youtube.com/watch?v=W4gBw3bjXlE;
v. 30.10.2012; aufgerufen am 15.05.2016.

Ein Kaffeeverkäufer weist den Weg

Fritz Frey im Gespräch mit Margot Käßmann | SWR UniTalk
https://www.youtube.com/watch?v=W4gBw3bjXlE;
v. 30.10.2012; aufgerufen am 15.05.2016.

Tritt frisch auf! Tu's Maul auf!

Fritz Frey im Gespräch mit Margot Käßmann | SWR UniTalk
https://www.youtube.com/watch?v=W4gBw3bjXlE;
v. 30.10.2012; aufgerufen am 15.05.2016.

Der Niedergang des Protestantismus

Fritz Frey im Gespräch mit Margot Käßmann | SWR UniTalk
https://www.youtube.com/watch?v=W4gBw3bjXlE;
v. 30.10.2012; aufgerufen am 16.05.2016.

Zimttee und Birkenstocksandalen

Fritz Frey im Gespräch mit Margot Käßmann | SWR UniTalk
https://www.youtube.com/watch?v=W4gBw3bjXlE;
v. 30.10.2012; aufgerufen am 16.05.2016.

Nichts ist gut in Afghanistan

Fritz Frey im Gespräch mit Margot Käßmann | SWR UniTalk
https://www.youtube.com/watch?v=W4gBw3bjXlE;
v. 30.10.2012; aufgerufen am 17.05.2016.

Im Taxi durch Berlin

Fritz Frey im Gespräch mit Margot Käßmann | SWR UniTalk
https://www.youtube.com/watch?v=W4gBw3bjXlE;
v. 30.10.2012; aufgerufen am 18.05.2016.

Spinat und Bastelversuche

Nicht nur Ja und Amen: Margot Käßmann – Fenster zum Sonntag;
https://www.youtube.com/watch?v=3NhxcwTXql8
v. 13.01.2014; aufgerufen am 19.05.2016.

Machtverlust und der übervolle Kühlschrank

Nicht nur Ja und Amen: Margot Käßmann – Fenster zum Sonntag; https://www.youtube.com/watch?v=3NhxcwTXql8 v. 13.01.2014; aufgerufen am 19.05.2016.

Die Mutter aller Rücktritte?

Nicht nur Ja und Amen: Margot Käßmann – Fenster zum Sonntag; https://www.youtube.com/watch?v=3NhxcwTXql8 v. 13.01.2014; aufgerufen am 19.05.2016.

Margot Käßmann – die Nervensäge

Nicht nur Ja und Amen: Margot Käßmann – Fenster zum Sonntag; https://www.youtube.com/watch?v=3NhxcwTXql8 v. 13.01.2014; aufgerufen am 19.05.2016.

Bibel oder Politik?

Nicht nur Ja und Amen: Margot Käßmann – Fenster zum Sonntag; https://www.youtube.com/watch?v=3NhxcwTXql8 v. 13.01.2014; aufgerufen am 19.05.2016.

Im Glauben gehalten

Nicht nur Ja und Amen: Margot Käßmann – Fenster zum Sonntag; https://www.youtube.com/watch?v=3NhxcwTXql8 v. 13.01.2014; aufgerufen am 19.05.2016.

Einen Punkt für sich selbst finden

Markus Lanz (vom 09.05.2013) – ZDF (2/5); https://www.youtube.com/watch?v=wfR8Sc78NyU&itct=CAY-QpDAYCSITCMWVmYvM5swCFcYMFgodqTgDJzIHcmVsYXR-lZEizyv-o89n3ttIB&app=desktop v. 13.05.2013; aufgerufen am 21.05.2016.

Die Kraft der Sprache

Interview Margot Käßmann: »Es gibt eine Ethik des Genug«; https://www.youtube.com/watch?v=9FafCJQSRJw v. 03.02.2013; aufgerufen am 21.05.2016.

Brennen für die eigene Sache

Interview Margot Käßmann: »Es gibt eine Ethik des Genug«; https://www.youtube.com/watch?v=9FafCJQSRJw v. 03.02.2013; aufgerufen am 21.05.2016.

Die Liebe bleibt

Margot Käßmann zur Frage »Was bleibt?«; https://www.youtube.com/watch?v=I13eeSfLcgc v. 13.11.2014; aufgerufen am 22.05.2016.

Ein Lied im Auf und Ab der Zuneigung

Margot Käßmann – Im Dialog vom 05.05.2012; Alfred Schier mit Margot Käßmann; https://www.youtube.com/watch?v=0m3ezzUf5TM; v. 07.05.2012; aufgerufen am 22.05.2016.

Mutig voran und trotzdem auch eine gute Mutter sein

Margot Käßmann – Im Dialog vom 05.05.2012; Alfred Schier mit Margot Käßmann; https://www.youtube.com/watch?v=0m3ezzUf5TM; v. 07.05.2012; aufgerufen am 22.05.2016.

Alle Eltern sind gleich, aber manche sind gleicher als andere

Margot Käßmann – Im Dialog vom 05.05.2012; Alfred Schier mit Margot Käßmann; https://www.youtube.com/watch?v=0m3ezzUf5TM; v. 07.05.2012; aufgerufen am 22.05.2016.

Das Haar in der Bibel

»Pelzig unterhält sich« mit Bischöfin Käßmann 1/2; https://www.youtube.com/watch?v=reTZCl1ieF8; v. 17.12.2009; aufgerufen am 22.05.2016.

Joggen im Gespräch mit Gott

Philipp Lahm trifft Margot Käßmann; https://www.youtube.com/watch?v=ji-gZbT7Xlk; v. 21.10.2013; aufgerufen am 23.05.2016.

Der direkte Draht zum lieben Gott

Landesbischöfin Margot Käßmann zu Gast bei h1-Fernsehen aus Hannover; https://www.youtube.com/watch?v=X6JMvYQaDpQ; v. 03.02.2014; aufgerufen am 23.05.2016.

Krisen erleben

Landesbischöfin Margot Käßmann zu Gast bei h1-Fernsehen aus Hannover; https://www.youtube.com/watch?v=X6JMvYQaDpQ; v. 03.02.2014; aufgerufen am 23.05.2016.

Der nette Dieb

Margot Käßmann bei 3nach9; https://www.youtube.com/watch?v=88DmyO6oAO0; v. 13.05.2011, aufgerufen am 23.05.2016.

Das haben Sie sich selbst eingebrockt

4-Rede-Käßmann-1.wmv; https://www.youtube.com/watch?v=G4ZoEDHrGnQ; v. 28.11.2009; aufgerufen am 23.05.2016.

Ein voll cooles Buch, was?

4-Rede-Käßmann-1.wmv; https://www.youtube.com/watch?v=G4ZoEDHrGnQ; v. 28.11.2009; aufgerufen am 23.05.2016.

Baader/Meinhof, die politische Meinung und die Verunsicherung

Dr. Margot Käßmann: »Zukunft(s)gestalten«; https://www.youtube.com/watch?v=kJXkpqil2xE; v. 02.05.2009; aufgerufen am 23.05.2016.

Es gibt Licht in diesem Leben

E – Wie Evangelisch: Weihnachten; https://www.youtube.com/watch?v=lsrv1vZ3skk; v. 04.01.2012; aufgerufen am 24.05.2016.

Unsere Bischöfin

Reformation und Ökumene – eine Herausforderung; https://www.youtube.com/watch?v=tuu7wn7YhIE; v. 11.03.2016; aufgerufen am 24.05.2016.

Die Toleranzfähigkeit der Religionen – 3: Statement Margot Käßmann; Osnabrücker Friedensgespräche; https://www.youtube.com/watch?v=vqkdGdA7-IQ; v. 27.10.2014, aufgerufen am 24.05.2016.

Schlotternde Hände

Margot Käßmann deel 4 (4 van 5); https://www.youtube.com/watch?v=eX7NWQ25pMI; v. 14.03.13; aufgerufen am 24.05.2016.